PORTAS DE ENTRADAS

Ebenezer Saint

Editora Creacion

Portas de Entradas

Ebeenzer Saint

Pubblicado por:

Editora Creacion

Diagramação: 7 design

Capa Design: 7 design

Colaboração: Nathalie Saint

ISBN: 9798392714759

Impresso nos USA

Filipe senta no capô de um carro de um desconhecido, tentando encontrar algum brilho no céu para iluminar seu coração, pouco a pouco a estrelas iam aparecendo, trazendo consigo o luar que parecia há muito tempo não querer aparecer sobre os céus do antigo tempo que agora jazia em ruínas...

EBENEZER SAINT

Sumário

A visita 8

A conversa 14

O encontro 24

o confronto 36

O segredo 48

O culto 58

O acordo 66

A cerimônia 72

A viagem de Paulo 78

Mostrando a cara 84

A fuga 94

A revelação 102

A VISITA

Capítulo 1

A visita da desconhecida

Ela sentou-se na última cadeira daquela igreja que se escondia no final da rua. Com os cabelos bem escovados, estava vestida conforme todos naquele ambiente, tornando-se mais uma no meio da multidão. Atenta a cada palavra proferida pelo pastor, ficou parada por alguns momentos quase imóvel, querendo deixar-se notar. No momento da oração dava para ver algumas lágrimas escorrendo pelo seu rosto, que desmanchava a maquiagem discreta.

Apesar de aparentar uns vinte e oito anos, parecia esconderem-se entre os seus olhos anos, muitos anos de experiência. Como alguém que tem muita história para contar. Era como se fosse alguém velho no corpo novo. Esta era a impressão que ele tinha. Ou será que estava pensando demais? No momento em que ela ficou de pé, ele olhou para o seu corpo de relance, muito rápido para que ninguém pudesse notar. Pôde ver que debaixo daquela roupa simples existia uma mulher de corpo escultural. Pensou consigo mesmo:

Meu Deus! Estou me desligando do sermão para olhar para essa mulher. Não imaginava como era possível; mas ela sabia que ele tinha olhado para ela. Mesmo fora da sua área de visão, estava certa que estava sendo observada. Logo percebeu ter seus olhos seguidos. Da mesma forma que aquilo lhe atraía, lhe causava tamanho desconforto. Não soube como; mas por alguns segundos ela desapareceu. Isso mesmo evaporou e voltou rapidamente. Ninguém notou, nem mesmo um jovem casal que se abraçava moveu sequer a cabeça.

O reverendo parecia ter notado, mas para seu engano, ela era imperceptível para ele naquela plateia. Uma senhora gentil a convidou para acompanhar a leitura bíblica e ela aceitou gentilmente. Ao término do culto, o burburinho era grande em frente à igreja. Todos se despediam de forma carinhosa enquanto outros acertavam detalhes do acampamento de final de ano. Como já fazia parte daquele meio há tempos, ela abraçava aqueles que se aproximavam para cumprimentar e se despedir. Quando um dos anciãos da igreja estendeu sua mão para cumprimentá-la, ela a encolheu, evitando qualquer contato com aquele senhor.

A líder dos jovens se aproximou e foi logo falando:

____ Como você é bonita! Trouxe até mais alegria nessa noite para a igreja. Imagino que muitos rapazes estejam loucos por você _ Abrindo um descontraído sorriso _ Brincadeira! Nem sei se você é solteira ou casada. Meu nome é Ruth e eu ajudo o pastor com aquela galera ali que você está vendo. Alguns não querem nada, outros não querem mais ainda... Mas quem está na chuva é para se molhar__ Sorrindo.

Ela pegou carinhosamente da mão de Ruth e falou:

____ Criança, eu sei como deve ser difícil para você tomar conta de tantas outras crianças. Se elas querem doce, você tem que dar doce; se querem brincar, você tem que dar brinquedos para elas __ colocando sua mão sobre a dela __ Você falou que estava na chuva e agora está se molhando mais ainda. Mas você vai gostar. Ser criança é a melhor fase da vida.

Ela retirou rapidamente sua mão que estava aprisionada entre as de uma desconhecida e falou:

__ Você sabe quantos anos eu tenho para me chamar de criança?

Ela tomou a palavra e respondeu:

__ Trinta e nove anos. Criança?

__ Puxa! Você acertou. Mas tem pessoas que me dão bem menos. Dizem que sou louquinha!

De repente sua mãe chega por trás e diz:

Vamos embora Ruth, é quase onze horas e a maioria das pessoas já se foi e você ainda continua aqui conversando e dando um breve intervalo. Desculpe moça, mas temos que ir. Temos uma caminhada grande pela frente e este meu bebê não pode ficar só por aí. Até mais."

Aos poucos todas as portas de saída daquela igreja foram fechadas, até que o letreiro com o nome da congregação apagou-se. Algo que o pastor sempre pedia, para que o mesmo ficasse ligado. A noite escura e fria parecia aprofundar cada vez mais na escuridão. Até o vigia da rua notou algo diferente no caminho que levava à casa de oração. Enquanto um novo dia esperava acompanhado pelo sol para nascer.

O reverendo parecia ter notado, mas para seu engano, ela era imperceptível para ele naquela plateia. Uma senhora gentil a convidou para acompanhar a leitura bíblica e ela aceitou gentilmente.

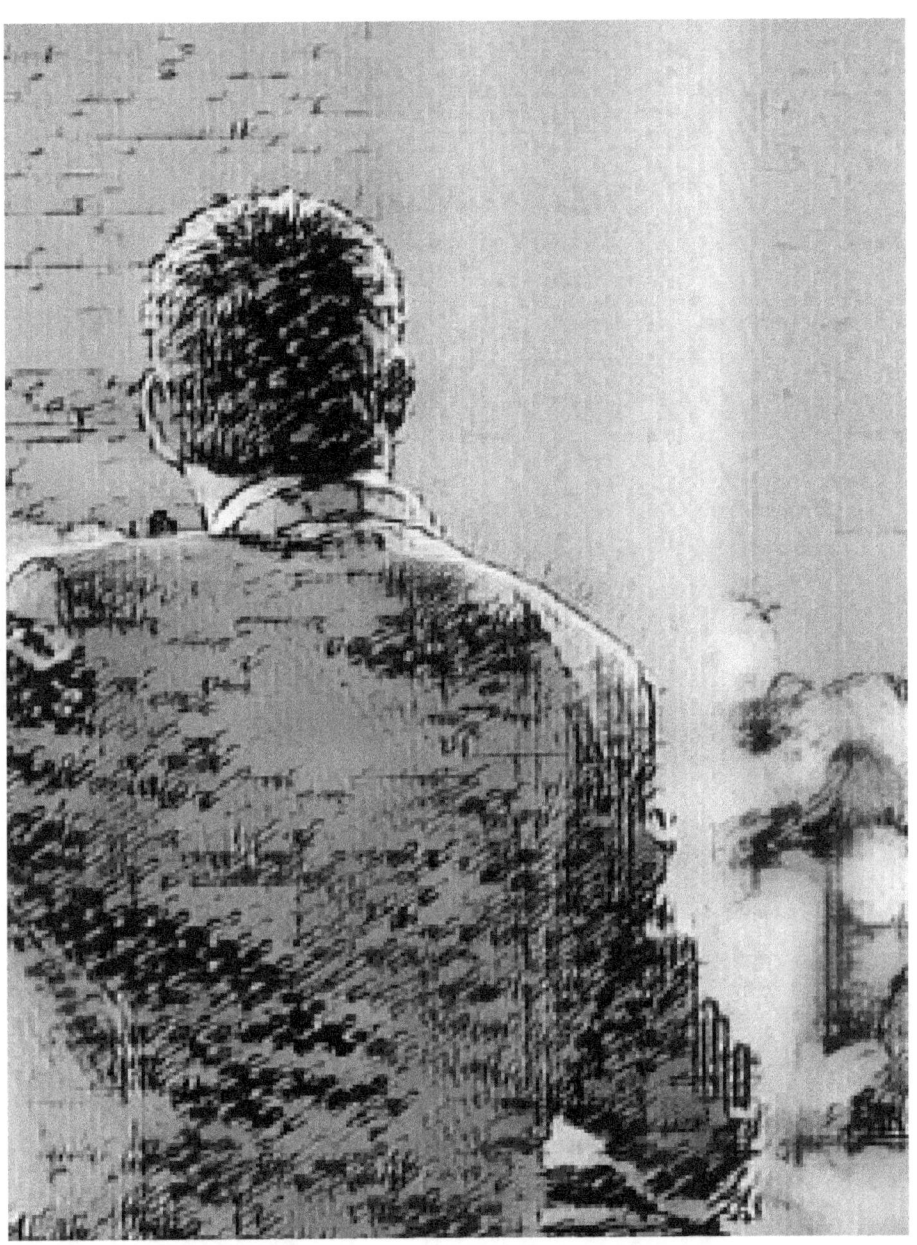

Cuidado com os falsos profetas. Eles vêm a vocês vestidos de
peles de ovelhas, mas por dentro são lobos devoradores

Mateus 7:15-20.

A CONVERSA

Capítulo 2

Na conzinha com sua mãe

Ele ficou parado observando sua mãe enxugando cada talher, enquanto o café que acabara de ser posto no bule aguardava o momento de entrar em estado de ebulição. Estava com os olhos fitados no vazio, observando o vulto da sua mãe ir de um lugar para o outro da cozinha. Os ovos cozidos quentes, que muitas vezes eram motivos de discussão, estavam no mesmo lugar, pois ele costumava comê-los antes que todos estivessem na mesa. O sol invadia a cozinha por uma fresta da cortina semi-aberta e aquecia com seus raios aquela manhã fria resultado de uma noite congelante. Segunda-feira foi um dos seus piores dias, mas aquele estava bem diferente do habitual. Após colocar o café pronto na mesa, sua mãe pergunta:

__ O que houve que todos os ovos estão no mesmo lugar, do jeitinho que coloquei? Ou estou contando errado eles?_ Diz sorrindo.

Ele levanta apenas os olhos e diz:

__ Não estou com fome hoje, mãe. Passei uma noite daquelas e não consegui dormir. Virava de um lado para o outro. Aconteceu uma coisa ontem que achei muito estranha _ Se ajeitando desta vez na cadeira.

__ O que o café da mamãe não pode fazer pelo meu filhote? Tome um café bem forte que à tarde sairá com seu pai. Vamos ver aquela bicicleta que ele te prometeu caso você fosse aprovado.

__ Que bom mãe! Todos os meus amigos possuem uma. __ Mãe você viu aquela mulher que estava ao lado daqueles jovens ao lado da tia Márcia?__ Mudando repentinamente de assunto.

De costas para o filho responde.

__ Filho, nossa igreja está crescendo muito. A cada dia tem gente diferente. Afinal, você tem que se acostumar... Nossa igreja é de uma nova visão. Tudo agora é diferente. Se prepare como o pastor diz: VOCÊS TERÃO MUITAS SURPRESAS! __ Olhando para ele sorrindo.

__ É... Ontem eu tive uma, mas não foi boa não. Aquela mulher era muito estranha e eu vi quando o irmão Joaquim estendeu a mão para ela e ela não fez o mesmo... Dando uma pausa _ Nossa líder Ruth ficou maravilhada com ela, mas sua mãe mal olhou na cara dela...

Sua mãe puxa a cadeira que estava ao seu lado, senta-se e levanta o seu queixo que se encontrava entre seus braços na mesa e desta vez resolve lhe chamar a atenção.

__ Filipe, você lembra o que falamos da outra vez?__ Dando uma pausa e olhando dentro dos seus olhos _ Existem pessoas diferentes, algumas nós gostamos, outras não. Você precisa ser mais sociável, ser como aqueles garotos da sua igreja. Todos têm namoradas menos você.

E por falar nisso, eu estava falando com seu pai que você está se tornando um rapaz muito bonito e precisa arranjar uma namorada. Você é muito jovem, não precisa ficar orando por muito tempo. Tem outros livros que podem ser melhores do que a bíblia para você; entenda-me filho... Tem muita coisa lá fora que você precisa provar. Somos cristãos, não pessoas mortas que não podem nada... E por falar nisso, cadê os ingressos que o seu pai lhe deu?

Levantando-se e colocando as mãos no bolso como se procurasse algo.

__ Estou procurando. Devem estar por aqui __ Abrindo desta vez um simpático sorriso ___ Cadê você ingresso? Onde se escondeu? Cadê você? ...

__ Filipe!__ Fazendo cara de quem está com raiva __ Não me diga que perdeu os ingressos de novo? __ O filme é ótimo. A maioria dos jovens da nossa igreja já assistiu menos você.

Com as mãos ainda no bolso como ainda estivesse procurando.

__ Mãe... Os jovens da nossa igreja são garotos e garotas desinformados. Nem sabem o que assistem. Eles comem até ovo de cobra, se derem a eles. A diferença de mim para eles é que procuro me informar, e pessoas informadas não compram mentiras como verdades. __ Sentando e pegando o ovo cozido sob o olhar da mãe __ Eles precisam ler e aprender que lá fora a coisa é mais perigosa e real do que se imagina. A senhora não me compreende, acha que tenho algum problema psiquiátrico, mas meu problema é que me informo apenas, isso. Tento apenas aprender para poder sobreviver.

Desta vez fechando a cara, demonstrando certa irritação.

__ Você às vezes nos assusta com certas conversas. Termine de tomar café e troque sua roupa, pois iremos sair...

Ao sair, sua mãe ficou parada na porta o olhando de costas enquanto ele devorava um a um os ovos que já se encontravam frios. Notou que ele já era um rapaz, era quase uma cópia do seu pai, mas de personalidade totalmente diferente.

Retornou ao dia em que o viu pela primeira vez, branquinho como sua mãe e com os olhos do seu pai... No dia da sua consagração foi um dos dias mais marcantes. Parece ter ficado gravada cada palavra dita pelo antigo pastor. E uma das frases em todos os tempos parecia retornar... Era como um sinal de alerta que disparava de tempos em seu coração...

___ Deus separará este garoto como um profeta. Deus lhe dará dons maravilhosos para que muitos sejam alentados nos momentos terríveis da sua vida... Filipe! Você é um escolhido de Deus.___ Como saísse subitamente de uma sala de cinema e entrasse no mundo real... Passa as mãos nos olhos emudecidos por algumas lágrimas que não os viu correr e desaparece ao entrar no seu quarto.

"Se clamares por conhecimento e por inteligência alçares a tua voz; se como a prata a buscares e como a tesouros escondidos a procurares, então entenderás o temor do SENHOR e acharás o conhecimento de Deus." (Provérbios 2:3-5).

Esta frase estava sublinhada de caneta vermelha da sua bíblia. Essas duas palavras lhe chamavam bastante atenção. CONHECIMENTO e INTELIGÊNCIA. Como algumas pessoas com tanto conhecimento e são bastante inteligentes não conseguem compreender coisas simples? Pergunta-se. No banco traseiro do carro do seu pai. Minha mãe lê os melhores livros, especialista em anatomia, mas tem algumas coisas que parecem querer manter certas distâncias.

"Se tiver conhecimento é ter noção completa de algo que se propõe saber e inteligência é humildade para compreender facilmente o que é escuridão para essas pessoas se tornará luz"

É assim que funciona. O problema é que essas pessoas fazem questão de não querer ver, se tornam cegos propositalmente e quando tem uma chance de poder enxergar, coloca as mãos sobre os olhos. Como disseram estar tudo bem. Vamos em frente está tudo bem!

Sua mãe olha ligeiramente para trás e diz;

__ O que você falou... Vamos em frente está tudo bem? __ Que bom, estou ouvindo algo normal do meu filho __ Olhando para seu pai enquanto ele faz o contorno para entrar no estacionamento da loja de bicicletas.

Aproximam-se do balcão e logo uma vendedora vem ao seu encontro. Muito gentil e educada, convida todos para conhecerem os lançamentos da loja, que estão expostos na vitrina para apreciação dos consumidores.

Ela senta-se na frente deles, cruza as pernas de forma sensual, como se uma nova pessoa assumisse o controle daquela até pouco tempo, gentil e discreta funcionária e vai direto ao assunto.

__ Como seu marido é jovem e bonito__ Fitando os seus olhos, no seu pai que tentava encontrar uma posição melhor para se acomodar__ Você deve ser uma mulher de muita sorte, e por cima ainda cristão, deve ser maravilhoso ter alguém assim.

Sua mãe quase atordoada com o que acabara de ouvir, enquanto seu pai parecia não ter escutado nada, responde:

__ Vamos lá moça! Levantando-se _ Tirei esse dia exclusivo para meu filhote aqui... Vou cumprir o que prometi.

Enquanto todos caminham rumo ao novo departamento de bicicletas, ela fitou os olhos em Filipe e subitamente ele diz:

__ Nós já nos conhecemos?

Ela sem pestanejar logo diz:
Sim. Claro… Estive com vocês no domingo à noite. Foi maravilhoso conhecer aquele lugar. Por acaso passei e vi uma porta de entrada aberta e me acomodei lá dentro, naquele domingo frio.

Em silêncio todos voltavam para casa, como se o tal almejado presente não fizesse parte dos objetos que eram levados no carro. Seu pai assobiava uma canção desconhecida enquanto dirigia, e sua mãe estava de cara fechada com o seu pai, por achar que ele gostaria de ter ouvido tais palavras daquela mulher.

Que coincidência irmos comprar exatamente na loja daquela mulher que possuía as mesmas características estranhas, da mulher que esteve domingo na igreja, diz Filipe.

Aos poucos o céu que estava claro como o sol ao meio-dia fecha-se dando lugar à chuva que aos poucos caía e suas gotas depois de formarem pequenas poças escorriam entre os canteiros da pista. Enquanto isso as pessoas correm tentando acomodar-se nas lojas e nos pontos que pudessem fugir daquele que parecia ser um temporal fora de época.

O ENCONTRO

Capítulo 3

Algo estranho acontecendo

A multidão se aglomera rapidamente. Algumas pessoas se aproximam com a mão na cabeça, perplexas com o que estão presenciando. No fundo da casa ouvem-se gemidos angustiantes.

Uma senhora que parecia ter algum contato com os proprietários vai logo falando: "Eu sabia que iria dar nisso. Eles brigam o tempo todo." Um policial mandou as pessoas se afastarem porque o lugar seria agora ocupado pela tropa que estava a caminho. Mesmo assim, alguns insistiam em permanecer intactos como se não tivessem acatado a ordem. O cenário daquela rua esquecida tinha mudado totalmente depois daquele evento. O som do helicóptero que sobrevoava o local tornava-o mais sinistro.

O barulho era terrível, uma sinfonia desafinada de desespero era executada. A mesma mulher que falava antes grita como se tivesse visto algo terrível.

"Meu Deus! Aquela coisa não é o marido dela gente, é muito diferente de tudo que já vi!" Empurrando as pessoas para frente para se mover para trás: "Pessoal saiam daqui! Vocês não viram o que vi."

"Tirem essa mulher daqui!" Grita um policial. "Ela está atrapalhando a negociação. Quero que todos saiam do perímetro que demarcamos para a polícia. Saia agora!" Ele estava irritado por a aglomeração estar crescendo em vez das pessoas se dispersarem.

Podia-se ver mesmo diante do sol escaldante a densa escuridão que pairava sobre aquele lugar. Os soldados, mesmo comandados por um experiente sargento, estavam confusos sobre como proceder diante daquela inusitada situação. As luzes do interior da casa pareciam apagadas como se houvesse alguma interferência sobrenatural. Logo em seguida aparece um senhor com uma bíblia na mão acompanhado por dois policiais que dizem: "Você tem certeza de que sabe com o que está lidando?" Colocando as mãos nos seus ombros: "Temos ordens de não deixar ninguém entrar, mas como o senhor está falando e sabe do que se trata, vamos abrir esta exceção.

Ele se aproxima do portão da casa que está entreaberto e de dentro escuta:

'Não se aproxime!' Um som descomunal, que nada lembrava uma voz humana, que parecia sair totalmente do inferno. 'Se chegar mais perto eu lhe mato! Não se aproxime...'

Parece que ele não tinha escutado absolutamente nada. Abriu o portão tranquilamente e sem sequer pestanejar chega até a porta que estava fechada e diz:

'Abra a porta. Preciso falar com você.' Olhando para trás para observar como todos se comportavam diante daquele cenário: 'Abra a porta!' Desta vez trocando a voz mansa e calma por um som mais ríspido: 'Não vou insistir...'

A porta que parecia estar totalmente lacrada foi abrindo-se pouco a pouco. Como um filme em câmera lenta, enquanto ela se abria, as pessoas de forma sincronizada recuaram inclusive os policiais, que se entreolharam com medo de se deparar com o imprevisível, algo do qual não foram treina-

24

dos para enfrentar. O cheiro era insuportável que exalava do lugar, como se estivesse queimando no local há muito tempo.

Aproximou-se da porta, abriu com uma das mãos enquanto segurava com outra sua velha bíblia e desapareceu naquela casa como se estivesse penetrando em um labirinto sem saída.

Apesar de ser dia, parece que tinha penetrado em um vale escuro sem saída. As janelas estavam cobertas por cortinas improvisadas para evitar que qualquer raio de luz penetrasse o lugar. Parecia que um vendaval tinha passado por aquele local mandando exatamente para aquele lugar. Amparou-se em uma cadeira que restara em pé e falou como se estivesse se comunicando com a escuridão.

'Aproxime-se! Quero falar com você... O que desejas neste lugar?' Olhando de um lado para o outro querendo perceber algum movimento: 'O que você deseja?'

Uma mulher desce a escadaria quase sendo atropelada pelos móveis no caminho.

'Graças a Deus! Tire-me daqui, me tire desse lugar.' Percebendo a porta aberta e desaparece no dia lá fora: 'Me tire desse lugar...' Já nos braços dos socorristas de plantão.

No canto da parede encontra um homem nu, todo machucado e sangrando. Olha e vê algumas facas espalhadas pelo chão e uma corda pendurada, como se alguém tentasse criar uma espécie de força. Se desvencilhando dos objetos que estão na sua frente, chega perto daquele que parecia ser uma mistura de homem e animal e diz:

'Em nome de Jesus ordeno que deixe este corpo.' Com a mão segurando um dos seus braços: 'Saia agora! Em nome de Jesus!'

O homem tremia como se estivesse sob convulsão, com o rosto que transfigurava de forma nunca vista. Temia que ele entrasse em óbito por sentir que sua pressão arterial subia sem parar.

'O que está acontecendo aqui?' Olhando para os lados e se assustando com o que via: 'O que está acontecendo?'

Quando olha para os lados vê uma senhora de branco com características de uma médica e policiais ao seu redor. Enquanto a luz consome a escuridão do local com as janelas sendo abertas, algumas pessoas iam retirando o lixo que se transformava em seus móveis. Diversas partes de uma bíblia vê-se espalhadas por diversos lugares. Uma mulher tentando de alguma forma juntá-la sempre é impedida pelo vento que invade aquele lugar. A médica aproxima-se e diz:

'Deixe comigo, eu sei como se resolve isto.' Abaixando-se para sentir de perto o seu coração: 'Não se preocupem este comportamento é natural depois de receber esses espíritos.'

O policial chefe se aproxima e lhe pergunta:

'Como você sabe que isso é espírito?' Franzindo a testa: 'Talvez tivesse outra pessoa e criatura aqui com ele, ou ele estar sendo vítima de algo desconhecido.' Mudando repentinamente de assunto: 'Onde está o senhor que entrou aqui? Alguém o viu?'

A médica olha para o policial de baixo para cima e lhe repreende:

'O senhor poderia falar mais baixo. E este senhor do qual está falando não deveria ter feito isso, apenas piorou a situação do paciente... Ele estava tendo alguma crise de esquizofrenia, não tem nada de espíritos aqui.'

O policial sorri...

'Você acabou de falar que este comportamento é natural depois de receber espíritos e depois fala que ele estava apenas tendo uma crise... Estranho... E outra coisa... Como você chegou aqui mais rápido do que todos nós? Se os socorristas não foram liberados e estão esperando lá fora.'

Ela levanta-se e parece ser bem maior que o policial chefe... Olha dentro dos seus olhos que o atemorizam... E conseguem silenciá-lo instantaneamente...

'O Senhor se aproxima e fala nos seus ouvidos...

'Que estás fazendo aqui? Você não é bem-vinda neste lugar. Vá embora agora. Ordeno-te.'

Ela dá um pequeno sorriso...

'Bem-vinda? Este lugar é meu... Fui liberado e tenho acesso a esse lugar e a esta vida a hora que desejar... Você que nem deveria ter entrado aqui.' Apontando para a porta dos fundos: 'Sabe aquela porta? Eu entrei por lá, e por lá que faço o que quero...'

Ela se levanta e começa a sair para o lugar que acabara de apontar. Olhando para trás fixando os seus olhos no do Senhor que invadira a escuridão com a luz. Ela demonstrava por alguns segundos ser alguém muito amável, mas como ela com seus mais de setenta anos mostrava um vigor e conhecimento para alguém que acabara de sair da faculdade. Ela o temeu porque fora reconhecida novamente por ele...

Mais uma pergunta ficara no ar: como ele tivera acesso àquela família tão unida e próspera? Como tudo aconteceu tão de repente? Um homem exemplo em casa e na igreja estar possuído de tal forma que destrói toda a sua casa e quase mata todos os filhos. Qual foi a via de acesso para que as trevas penetrassem em sua vida?

Ele foi levado para o hospital tendo em companhia o policial chefe ao seu lado. Algo tão terrível era presente que tais forças eram visíveis no ar... A energia era sugada como se as trevas tivessem direito exclusivo sobre aquele lugar. As lâmpadas da casa nenhuma delas restaram intactas, nem sequer o abajur que simulava ter o poder de iluminar fora poupado. As plantas e flores da cozinha todas estavam mortas, com certeza não suportaram tamanha presença das trevas quando a sua existência era dependente da luz.

Duas semanas passaram-se após o acontecido. As coisas aparentemente pareciam estar no seu lugar. A casa foi totalmente reformada e os móveis trocados. Para os vizinhos, se trata de algo isolado, coisa que qualquer um estaria sujeito a acontecer. Aquele homem talvez estivesse sendo vítima de muito trabalho e muito esforço para dar o melhor para a sua família. Mas algo eles não sabiam: ovos de alguma serpente foram chocados na escuridão por anos naquela casa. E eles tinham vitelo suficiente para se sustentar, pois eram nutridos por aberturas espirituais naquele lar.

Sua esposa estava com uma calculadora nas mãos, revendo a hipoteca da casa e outros que ela teria que pagar. Nunca atrasaram sequer uma conta, sempre eram citados como pessoas exemplares na sua vida econômica. Mais como seria daqui para frente, pensava ela. Será que ele terá condições de retornar ao trabalho. Ou a aposentadoria seria a melhor coisa. O melhor caminho. Mesmo com a casa cheirando a pintura nova, e móveis que se ajustavam à nova reforma. Aquele cheiro estranho ainda continuava. Ela nada falava para ninguém, para mostrar que tudo tinha voltado ao normal. Mas ela sabia que era muita coisa tinha mudado, inclusive com seu esposo. Que estava introspectivo e calado com nunca. Tinha receio de perguntar o que realmente aconteceu naquele dia. Com medo de despertar algo que estava adormecido.

Ela olha de lado e o vê parado, olhando para o vazio na janela. Sabia que deveria naquele instante ajudá-lo, mas não sabia como. Era uma situação surreal. Seus filhos estavam com seus avôs até que a empregada relatou que conseguira um novo emprego mais perto da sua casa. Sabia que a razão maior que dona Maria não quisera mais veio na sua casa era o que tinha acontecido com seu esposo.

Ele olha para trás e vê que estava a minutos sendo observado, de cabeça baixa resolve balbuciar suas primeiras palavras depois daquele para ele, fatídico dia.

__ Tem algumas, coisa que você precisa saber _ Com suas mãos amparadas na janela _ Algo aconteceu na viagem que fiz ao México. Essa dor de cabeça que sinto a mais de dez anos deve ter alguma ligação com isso.

Ela continua imóvel, como estivesse segurando a respiração, para extrair detalhes do que se mantivera na escuridão por tanto tempo.

Achei que aquilo não poderia atrapalhar nossa família. Afinal, eu o fiz porque me garantiram que as coisas iriam melhorar. E como você sabe... Melhorou em algum aspecto.

Olha para trás e desta vez senta em um sofá que mal fora usado.

'Eles estão aqui por minha causa... Fui eu que os trouxe para este lugar... Ela me atendeu... Falou comigo e me garantiu que tudo ficaria bem... Mas naquele dia eles revelaram quem são...'

Sua esposa chega perto dele, põe sua cabeça no seu colo e ele diz:

'Preciso que você me ajude.' Como estivesse sendo sufocado: 'Preciso ficar livre disso... Eu não deveria ter participado. Eu errei...'

Um vento frio começou a entrar pela janela, fazendo as cortinas balançarem em sincronia. Ele sabia que eles poderiam voltar a qualquer hora. O pacto era ele ter ficado em silêncio e nunca relatar o que tinha acontecido. Levanta, olha na janela para todos os lados e toma a melhor das iniciativas...

__Ligue agora para o nosso pastor.__Balançando os braços sem parar: 'Preciso relatar quem sou e o que eu queria com a igreja...'

O CONFRONTO

Capítulo 4

O crescimento suspeito

Todos estavam reunidos na casa pastoral. Apesar da sala ser de pequena dimensão, conseguia acomodar todos do frio que soprava lá fora. Filipe, sentado com o queixo entre as mãos, escutava de forma tão silenciosa que parecia não estar presente naquela reunião. Estavam tratando da agenda do novo ano e dos trabalhos que seriam desenvolvidos por cada departamento da igreja.

O principal seria a ampliação do tempo e a mudança da faixa da entrada principal, pois era necessário algo diferente para chamar a atenção de todos. Os retiros deveriam ser mais voltados para o entretenimento. O ideal seria conquistar uma quantidade possível de jovens. Eles traziam alegria para a igreja e com eles seguiam seus pais. Para o descontentamento de alguns, mudou a liturgia e acrescentou algumas inovações no culto. Ele sabia que para muitos membros que deixaram sua igreja, ele se tornara um idólatra por achar necessário à adoração à arca e alguns personagens bíblicos. Para ele, os mártires da fé representados em imagens tinham o único propósito de estimular o cristianismo. O sincretismo poderia ser algo bom se retirasse o melhor de cada religião.

Olhando para Filipe que parecia estar em outro lugar, perguntou-lhe:

'Está vendo como estamos realmente crescendo?' Levantando

o papel em que estava anotando tudo, inclusive os dados de crescimento da igreja: 'Você tem que ser mais participativo. Está muito calmo ultimamente. Tem que ser mais participativo.' Dando uma pequena pausa para pegar outro papel que estava no outro canto da mesa: 'O fato de nós acabarmos com alguns departamentos, inclusive o seu como professor auxiliar da escola dominical, deve ter lhe deixado chateado. Estamos abrindo as portas para todas essas coisas novas. Esses ritualismos já foram superados. Apenas atrapalham e afastam o povo.

Ele continua sério sem dar uma palavra sequer, enquanto todos ficam esperando uma resposta firme. Sabia que era um bom estudioso da bíblia e isso de alguma forma estava causando certos problemas, para as mudanças que a nova direção propunha para a igreja. Foi convidado para tentar convencê-la a convencer que as mudanças que estavam acontecendo eram importantes e necessárias.

Ele volta à posição vertical, encontrando uma forma melhor para vociferar algumas palavras.

__ Quero agradecer o convite _ sorrindo __ não sabia da minha importância nesta reunião. Apenas quero demonstrar o meu descontentamento com uma coisa.

O pastor transformando seu sorriso em um rosto fechado e a testa enrugada.

__ Porque algumas coisas que estão na bíblia não podem ser mais faladas?__ Gesticulando com as mãos sem parar _ Se somos cristãos, somos seguidores de cristo, isso quer dizer que devemos seguir o que está aqui __ apontando para a Bíblia.

Enquanto isso, a mais nova líder das senhoras cochicha com a esposa do pastor. Ela parece indignada por o pastor e a direção da igreja ter que dar satisfação a um adolescente conhecido por ser um estudioso da bíblia. Então resolveu interrompê-lo dirigindo ao pastor.

__ Pastor as mudanças já estão sendo feitas __ Olhando para todos __ Quem não quiser ou não estiver de acordo com elas, terão que sair. Nós não podemos ter oposição, caso contrário os projetos que estamos planejando aqui, não serão estabelecidos.

Voltando-se diretamente para o Filipe

__ Garoto! Tudo muda... Igreja muda, religião muda... _ Dando uma pausa _ Você tem que saber que para crescer tem que mudar. Nem tudo que está aí __ apontando para a bíblia __ Devem ser usados nos dias de hoje, você é só um garoto e precisa calar, para aprender com quem viveu mais que você...

Tentando conter sua indignação, com o que acabara de ouvir, levanta-se e diz:

__ Mais a palavra de Deus não muda, ela permanece firme...

Sua mãe desta vez resolve intervir, demonstrando um pouco de vergonha pela resposta do seu filho e raiva da mulher que o conterá.

Filho. Lembra o que conversamos antes de virmos para a reunião?' Olhando para a nova líder enquanto se dirige ao filho: 'Apenas escute e aceite... Isso será bom para todos.'

Enquanto todos tentam encontrar uma saída para a posição de Filipe e do presbítero Mauro, que se mostra irredutível diante das mudanças que aconteciam, o telefone toca e do outro lado pode ouvir uma voz desesperada procurando por ajuda.

'Pastor, eles estão aqui com a respiração ofegante. O senhor precisa vir na minha casa... O irmão Mauro está aí com vocês? Se estiver, traga-o, por favor... Ajude-me pastor... Chorando... Ajude-me!'

Ele olha para todos que estão na sala. Ao mesmo tempo tenta acalmar aquele amigo e irmão de longas datas.

'Você tem tomado os medicamentos?' Abafando com uma das mãos sua voz: 'O médico falou que seria apenas cansaço. Você tem trabalhado muito e essas viagens lhe afetaram. Tenha calma!'

Dava-se para ouvir a alguns metros o gemido e choro no telefone.

'Pastor, não estou doente como vocês pensam. É outra coisa pior do que uma doença comum... E se não for feito alguma coisa, irei morrer. Me ajude!' Chorando: 'Não sei o que fazer.

O pastor se assusta quando vê do seu lado a nova líder das mulheres como se estivesse escutando cada frase daquele diálogo. Ela pede para falar com o homem do outro lado da linha, pois diz que já teve experiência similar algumas vezes. O pastor se afasta e ela se aproxima do telefone e a ouve falar... Palavras e coisas sem nexo, algumas frases que pareciam uma língua ou dialeto esquecido. Da mesma forma que lhe acalmava, lhe dava um calafrio enorme. E quando ele retomou o telefone, ficou surpreso com o que ouviu:

'Domingo irei à igreja pastor.' Com uma voz diferente de alguns minutos atrás: 'Fique tranquilo. Realmente é o que o senhor falou. Estou apenas cansado, nada mais que isso.'

'Mal termina de falar e escuta.'

'Não precisa vir... Está tudo bem. Até mais e boa noite.'

'Meu Deus, não entendo nada!' Diz o pastor.

A mulher servindo uma xícara de café para sua esposa sorrindo diz:

'Tem coisa que não preciso entender pastor. Só é necessário aceitar.'

Nesta hora, Filipe toma a palavra como liderasse a reunião.

'Tem muita coisa estranha acontecendo depois que esse pessoal entrou na igreja. Está tudo estranho.' Olhando para todos em tom de confrontação: 'O pastor, a liderança, todos estão sendo contaminados por algo estranho.' Apontando o dedo para o vazio: 'O irmão Mauro está sendo acusado de coisas absurdas e eu já sei por quê...'

Sentando novamente com o rosto totalmente transformado:

'Vamos encerrar a reunião.' O pastor tentando retomar a autoridade da reunião: 'O que falamos está acordado e será feito desta forma. Até mais para todos...

"Antes de sair, a mulher pega em uma de suas mãos e vai logo falando:

'Garoto, cuidado! Você está falando demais.' Olhando para os lados: 'Você é apenas uma criança para estar preocupado com esses problemas da sua igreja.' Agora com um tom totalmente diferente.

Seu pai que mal participou da reunião despertou e saiu ao encontro do filho.
'Está tudo bem, filho?' Sorrindo de forma desconfiada.

'Tudo, pai... Tudo.'

O corredor frio que levava à saída da casa estava pintado com figuras estranhas, algumas delas esquisitas que pareciam sair de um filme de terror. Sabia que o pastor era apreciador de artes contemporâneas. Mesmo conhecendo tanto de pintura, será que ele sabia o propósito de cada uma delas? Quem deve ter pintado elas? O pastor com certeza não foi. É um trabalho que levaria semanas. Deve ter sido diversas pessoas, pois as figuras demonstram características diversas. O que está acontecendo mesmo aqui? As coisas começaram sem sentido, mas algumas estão se encaixando. Tem coisas que não conseguem ficar ocultas para todos. Alguém notará, pelo menos alguém saberá a verdade. Deus não deixará seus filhos serem presas fáceis.

O irmão Mauro não quer mais fazer parte da nossa igreja. Será que só eu estou percebendo isso?"

Filho! Tocando em seus ombros Seu pai está lhe esperando para irmos embora. Você está parado há minutos… Vamos…

Enquanto sua mãe dirige o carro pelas ruas quase esquecidas naquela hora da noite, seu pai no telefone não para de falar com um amigo de trabalho. Ele falava sobre como sua igreja tinha mudado e as coisas que antes eram proibidas, agora eram permitidas e como o pessoal da igreja estava de volta à vida. Quase se espantou quando seu pai falou sobre uma determinada marca de bebida e como ela deveria ser consumida. Sua mãe ao lado discordou mostrando outra forma como deveria ser apreciada. Era como se estivesse conduzido por estranhos, jamais soubera que seus pais tinham algum dia sentado em uma roda de amigos que ingeriam bebidas até então proibidas na igreja.

Era como se outras pessoas se apossassem daqueles corpos. Mas não poderia ser. Foram eles que o educaram e o transformaram no que era. Alguém temente a Deus e zeloso por sua palavra. Apesar de seu pai ter um conhecimento limitado em teologia, nunca conseguiu esquecer quando mostrou a diferença de quem vive a ilusão do mundo e quem segue a Cristo. Ele era o personagem sempre das histórias de fracasso que sempre contava, quando mostrava a vida de derrota de quem quer viver das coisas do mundo. A cada curva que fazia, eles riam como adolescentes que não sabem avaliar os riscos que a vida lhe apresentaria.

___ Mamãe cuidado! __ Se apoiando entre os dois bancos da frente __ Estamos indo muito rápido. Que caminho é este que não conheço?" Tocando nos ombros do seu pai.

Ele olha para sua mãe como se despertasse de algo desconhecido.

"Para onde nós estamos indo?" Olhando espantado para ambos os lados. "Que estrada é essa Mônica, para onde você está nos levando?"

O carro freia bruscamente e quase atinge uma cerca de arame que divide as terras. Uma poeira escura envolve o carro, que se não estivesse com os vidros fechados, todos seriam atingidos por aquele evento quase sinistro.

Filipe é o primeiro a levantar os olhos quando percebe alguém correndo entre a escuridão. Apontando o dedo para o vulto que desaparece entre a cerca quase oculta pela poeira diz:

"Veja. Mamãe e papai, o que é aquilo?" Se tentando ficar quase em pé. "Olhe lá o que é aquilo meu Deus?"

Seu pai apenas levanta os olhos e percebe um vulto olhando nos seus olhos e ele quase entra em transe de medo, abaixa os olhos e os dirige para sua esposa que parece estar paralisada pelo que acabara de ver e pelo fato de ter conduzido sua família até aquele lugar até então desconhecido por todos.

"O que está acontecendo comigo?" Chorando e abraçado se esposo. "Como eu pude colocar em risco minha família meu Deus?"

Seu esposo olhando nos seus olhos, e passando as mãos entre seus olhos emudecidos.

"Você não é culpada de nada, algo aconteceu conosco que nós não sabemos. Mas vou descobrir." Olhando para o banco de trás, como fizesse muito tempo que tivera contato com seu filho. "Você está bem filho?"

Percebe que entre todos eles é o mais calmo e logo o escuta falando.

"Algo na igreja está sendo responsável por isso... É lá que essas coisas começaram a aparecer. E lá... Faz algumas semanas que me lembro quando eu falei daquela mulher que estava ao lado da tia Márcia? Tenho certeza que é a mesma pessoa em um corpo diferente.

__ Filho, como você sabe dessas coisas? __ " Ainda chorando. "A mamãe fica preocupada com você, não quer você se envolvendo nessas coisas, você é um menino. E tem que ser como seus amiguinhos..."

Ele levanta com carinho o rosto da sua mãe Mônica e lhe diz:

"Davi era apenas um garoto, nem seus pais confiavam nele, mas Deus colocou Golias em suas mãos. Ele tinha uma funda, uma arma que era brincadeira para os inimigos de Deus. Hoje tenho uma mais poderosa que é sua palavra e ela esses inimigos temem..."

Enquanto se falavam o carro começou a ser sacudido, como se diversas pessoas estivessem entre ambos os lados sacolejando. Do lado de fora se ouvia apenas grunhidos estranhos, coisas que por si só causavam arrepio e medo até o mais cético de todos. Sentiu pelo barulho que fez que os pneus estivessem sendo esvaziados. Tudo estava concorrendo para que eles ficassem presos naquele local sombrio. Felipe olha para os lados como se soubesse o que estivesse lá fora na escuridão...

"Eu te ordeno em nome de Jesus, que saiam daqui. Sem!" Fazendo o sinal de quem manda ir embora. "Saia em nome de Jesus!"

Em poucos instantes uma luz quase os deixa cegos pelo tamanho clarão repentino que se formou. Era um carro e de lá saiu duas pessoas e mesmos com clarão do farol pode notar que um dele era alguém conhecido, que se aproxima e diz:

"Eu estou seguindo vocês desde que saíram da reunião da casa do pastor. Pude ver que tinha alguma coisa errada, quando alguém além de vocês entrou no carro, estranho mais àquela criatura me reconheceu e fez de tudo para eu não os achá-los. Mas graças a Deus estão bem... Vamos encher os pneus, pois são três e meia da manhã..."

Após terem feito os reparos necessários no carro, partiram rumo a sua casa, desta vez guiada pelo carro da frente. O seu pai dirigia com tamanho cuidado, como alguém que retira a poucos minutos o carro da fábrica.

Filipe louvava uma música desconhecida enquanto o raio de sol invadia o interior daquele automóvel. Ele contemplava pelo retrovisor aquela estrada que ficava cada vez mais para trás, como se fosse o lugar onde houve a segunda rodada entre Davi e Golias.

O SEGREDO

Capítulo 5

O segredo de Ruth

Algum tempo atrás, Ruth tivera uma experiência muito diferente e estranha, como gostava de relatar para si mesma. Não queria contar a ninguém e este segredo ela guardava na parte mais escondida e escura do seu coração. Era como um cofre que continha um segredo indecifrável. Aquela experiência fora responsável por longas noites em claro e sempre chorava escondido quando aquela sensação estranha lhe invadia. De tempos em tempos ela vinha e voltava. Mais ultimamente ele estava vindo de forma muito intensa, e estava ficando quase impossível se conter. Todas suas amigas de infância casaram-se, só restou ela. Às vezes ficava horas na frente do espelho tentando assimilar alguns traços da fisionomia do seu pai com o seu... Alguém que nunca conhecera. Cresceu ouvindo sua mãe dizer que todo homem era igual, alguns eram melhores, mas a maioria não prestava. Sempre que algum rapaz se aproximava dela na igreja ou na escola, era motivo de brigas e confusão quando chegavam a casa.

__Filha! Escute-me, por favor! Esses garotos não querem nada sério." Mordendo os lábios: __Eles apenas ficam depois te largam... Eu sei o que estou falando..." Repetindo o mesmo refrão que já completaram mais de vinte e cinco anos: "Eles são como o seu pai. Com certeza não prestam..."

Por anos ela tentou mostrar alguma qualidade daquele novo rapaz que conhecera, mas sempre era em vão. Até que um dia viu que seus lábios cansaram de repetir por anos a mesma frase.

Ela tentava se equilibrar naquele muro que sabia que iria desmoronar. Era questão de tempo. Gastou parte dos seus anos no dilema de cuidar da mãe ou tentar viver a sua vida. Mas desde criancinha escutava que todos um dia iriam lhe abandonar, como fizera seu pai e ela seria a próxima a fazer isso. Aquelas palavras misturadas com lágrimas lhe causavam um sentimento de dor e raiva ao mesmo tempo. Pois sabia no fundo que ela usava os fatos do seu passado para roubar o sonho futuro de formar uma família.

Mas certo dia a melhor amiga da sua mãe lhe mostrou algo além do que devia. Frequentavam a mesma igreja, comungavam do mesmo pão. Mas de repente começaram a saborear do mesmo pecado. Foi após um daqueles dias que sua mãe brigava devido a outro rapaz quando ainda mal saía da puberdade. A velha amiga da sua mãe no momento que foi consolá-la a beijou e falou-lhe coisas que jamais esperava ouvir e aprender. Apesar de no início seu coração rejeitar, resolveu abrir as portas para aquele pecado como forma de vingança. Por raiva de a mãe menosprezar e expulsar todos os rapazes ao seu redor.

Aquela noite estava muito silenciosa. Ela folheava o álbum de fotos da sua história e sorria como uma criança enquanto se contemplava dando os primeiros passos. Estava muito cansada pela quantidade de coisas que fizeram no escritório da esquina. Sua mãe estava dormindo há muito tempo. Raramente quando não ia para a igreja ela não passava das vinte e duas horas em algum lugar da casa a não ser da cama. Podia ver a sala iluminada apenas pelo abajur do quarto da sua mãe, pois ambas mantinham sempre seus quartos abertos durante todo percurso que a noite vazia diante das suas camas. O gato que ficava em cima do sofá sempre na mesma posição estava muito inquieto, ele era como um guarda que dava o sinal através dos seus movimentos, alertando quando algumas coisas estavam erradas. Podia ver apenas sua sombra se movendo na escuridão iluminada por pequenos fragmentos de luz. Levantou-se e pode ver que a luz do poste que iluminava a rua da sua casa estava perdendo força a cada momento que passava, era como se a fonte da sua luz estivesse sendo roubada, algo semelhante estava acontecendo com a luz do seu quarto. Um vento frio de repente entrou pela janela aberta, ela se arrepiou, mas desta vez não era de frio, mas sim de um calafrio que fez tremer. Pensou consigo.

Meu Deus! O que é isso?.. O gato em disparada subiu em cima da cama e se jogou da janela, desaparecendo no escuro do quintal. Tentou chamar sua mãe, mas dos seus lábios não saía som sequer. Era como se tornar prisioneira do medo e do evento que acontecia. Ela apenas fechou os olhos e ficou paralisada enquanto aquele vento sacudia a cortina de um lado para outro. Com os olhos fechados, podia ver as mudanças que a luz produzia. Quando estava a ponto de desmaiar ouviu do seu lado.

__ Oi Ruth! Está com medo criança? __ Sentado calmamente na cama _ Olhe para mim.

Com as mãos nos olhos e petrificada de tamanha sensação diz apavorada.

__ Saia daqui! __ Com o pouco de voz que restara _ Saia daqui! Você está me causando muito medo __ Chorando. Resolve mover apenas a cabeça de lado com parte dos dedos cobrindo seu rosto e percebe aquela imagem, que nunca saíra da sua cabeça depois do culto.

Desta vez ela está sentada com um minúsculo vestido vermelho sentado na cama. Estava com as pernas cruzadas como lhe convidasse para algo. Mas envolto daquela imagem existia uma nuvem que encobria seu rosto como realmente era. Ela podia ver que toda vez que a nuvem diminuía, seu rosto se transfigurava revelando diversas identidades em um só corpo. De repente viu que o gato novamente entrou pela janela e ficou exatamente onde ela estava. Não conseguia dizer sequer uma palavra, a não ser o sentimento descrito pelas suas lágrimas e seu rosto coberto de terror. Pode sentir uma mão fria tocando o lado esquerdo do seu ombro e ela desfalece totalmente. O gato desaparece dentro de casa como se procurasse uma rota de fuga novamente.

__ Filha sou eu mamãe _ Tentando levantá-la _ Meu bebê o que está acontecendo? __ Solta os seus braços e sai em meio àquela hora da noite à procura de ajuda

Ela continua desacordada, mas a luta contra aquele ser misterioso que acabara de rever continuava, desta vez aprisionando sua mente carregando para um porão escuro e frio na imensidão.

Ela tenta de todas as formas rejeitar a ação que se desenvolve na sua mente. Sabe que não é um sonho, é pior do que um pesadelo, que algo estava observando quando os médicos a colocam em uma maca e quando um deles diz:

__ Ela deve ter batido a cabeça e desfalecido. Vamos realizar uma tomografia para ver se tem fratura. Estranho. Ela se comporta como se estivesse em coma induzido.

Tenta se levantar vendo os movimentos ao seu redor, enquanto os barulhos dos carros inundam as pequenas aberturas quase impenetráveis do carro. E assim tenta se comunicar.

__ Não bati a cabeça... Não estou em coma, estou presa... Minha mente está aprisionada por eles. Retire-me desse lugar eu não posso ficar assim.

Ela vê sua mãe chorando ao seu lado e aos poucos as pessoas da igreja um a um vão invadindo aquele pequeno hospital.

O irmão Carlos se destaca mais entre os demais... E diz aos

que estão presentes.

__ A Ruth não está doente, está sim possuída por espíritos malignos. Vocês não estão percebendo o que está acontecendo com todos?

Um panorama surreal invade o lugar como um quadro pintado por um escultor desconhecido que não sabe explicar a razão de tal pintura... Algumas mulheres tentam confortar sua mãe no pequeno banco do lado de fora do hospital. Filipe chega perto do irmão e diz:

__ Foi ela? __ Sem olhar nos seus olhos tentando se comunicar de forma que as pessoas presentes não decifram o código que eles tinham decifrado do que acontecia __ Foi ela? Pergunta mais uma vez.

O irmão apenas balança a cabeça de forma quase imperceptível dizendo que sim.

O pastor juntamente com sua esposa chega sem o mesmo entusiasmo de sempre. Vestido de forma pouco convencional, tenta se informar em detalhes do que estava acontecendo de fato. Olha e vê que se trata de algo muito incomum para um jovem de uma saúde de ferro como ela.

O médico se aproxima do pastor por descobrir que ele liderava aquele povo e diz:

Que isso? Vocês ficaram sem juízo. Já não basta a Ruth nesta situação e agora a senhora vem culpá-lo por tudo que está acontecendo, isso é ridículo _ Mudando de posição e ficando ao lado do seu esposo pastor __ Vamos embora daqui... Essa gente é muito ingrata.

Ambos desaparecem entre uma das salas do hospital sem muitos nem sequer notarem sua ausência devido à escuridão que parecia querer penetrar na alma dos transeuntes e ainda querendo ser um habitante vitalício da nova paciente que acabara de chegar.

Ela viu quando alguns homens entraram em seu quarto com uma seringa nas mãos e falavam em um idioma ou dialeto que ela não conhecia. Apesar de terem rostos totalmente diferentes, sua aparência era um pouco comum. Andavam de um lado para o outro como procurassem a melhor forma de realizar algo. Não podia ver mais um deles se aproximou da parte de trás da sua cabeça e começou a tentar retirar os aparelhos que possivelmente lhe mantinham respirando. Voltou para o lugar onde estava e parecia dar continuidade ao plano quando a porta de forma brusca foi aberta.

__ O que vocês fazem aqui?___ Perguntou o médico juntamente com o irmão que lhe acompanhar no lugar do pastor __ Estão com vocês? Perguntou o médico segurando a porta aberta para que ambos saíssem.

O irmão dá um pequeno sorriso olhando para um deles e diz:

__ Não sei quem são eles. E vieram aqui para continuar o serviço que começou há meses na nossa igreja.

O médico sem prestar muita atenção no que acabara de ouvir recoloca a máscara de oxigênio no rosto da recém-paciente. Olha para o irmão que tem quase metade da sua altura e lhe pergunta, de forma incrédula.

____ Você sabe o que está fazendo? __ Abaixando-se para pegar algumas toalhas que caíram no chão __ Veja é este sinal que ela está sempre fazendo para se comunicar.

Ela apenas girava o dedo de maneira multiforme. Não era necessário ter um conhecimento a mais para se descobrir que era a forma que ela desejava relatar o que se passava em meio à escuridão do túnel sem fim em que se encontrava.

Chegou perto dela, tocou de forma carinhosa em sua fronte, fechou os olhos e por quase um minuto não disse sequer uma palavra. Aproximou-se de seu ouvido e disse baixinho:

__ Ruth. Jesus ama você.

Repetiu isso diversas vezes, sem ver qualquer reação da sua parte a não ser o dedo que se movia desta vez mais forte como um redemoinho.

Desta vez ele ergueu a voz e começou a falar em uma língua que o médico até então desconhecia. Se afastou e ficou junto à parte que insistia em não querer fechar. Um vento desconhecido entrou por uma fresta desconhecida no quarto, jogando alguns utensílios de decoração no chão. Mesmo em meio àquela intempérie das trevas, ele continuou a se comunicar com Ruth.

Quando ele se afastou, ela viu apenas que diversas luzes foram ligadas automaticamente de tamanho fulgor que reluzia naquele instante. Colocou as mãos nos olhos e deu um salto... E viu que acabara de sair do labirinto em que fora conduzida de forma desconhecida.

O médico correu ao seu encontro e disse:

Meu Deus! Ela acordou... Como pode ser? Olhando para a enfermeira que estava todo o tempo imóvel como uma estátua no lugar __ Se mova me ajude colocá-la de volta ao seu lugar...

__ Eu estou bem _ Chorando abraçando-se com o médico __ Eu estou bem, estou livre, eles me aprisionaram...

EBENEZER SAINT

O CULTO

Capítulo 6

A estranha adoração

Ele estava em seu pequeno escritório improvisado na entrada da porta principal da igreja. Falava sempre para os novos convertidos que estava ali exatamente para facilitar o contato com eles, evitando assim qualquer protocolo que atrapalhasse o aconselhamento pastoral. Embora sempre utilizasse este artifício, sabia exatamente que aquele não era um lugar ideal ou um espaço que tanto sonhara.

Naquela quarta-feira, poucos tinham chegado, apenas alguns velhos irmãos que não se ausentaram nem nos períodos em que o frio aprisionava parte da membresia nos lençóis aquecidos de suas camas. Ele pressionava todos para ficarem em casa. Encontrava-se debruçado diante das contas em aberto da igreja, como a luz e o IPTU e outras despesas essenciais que estavam atrasadas. No momento em que estava ministrando os sermões, tinha receio de que alguém pudesse cortá-la, expondo-o para a vizinhança que passava por ele e pela congregação como se eles não fizessem parte daquele cenário.

Pela pequena fresta da porta, pôde observar um carro de marca desconhecida manobrando de forma cuidadosa para se adequar àqueles espaços que foram improvisados como estacionamento. Deu para observar que apesar do carro ser maior do que o convencional, tinha mais ocupantes do que lugares necessários. Um a um todos foram saindo enquanto o pastor ajeitava a gravata e colocava ao mesmo tempo o paletó para recebê-los. Parado na porta, falou para si mesmo: "Em dias tão frios como esse é uma novidade ter tantos visitantes. Creio que hoje vai ser um dia especial."

Sorrindo de forma cordial, aproximaram-se apertando a mão do pastor em fila como se aquele momento fosse uma data especial.

__ Sejam todos bem-vindos! ___ Apertando a mão da mulher que parecia ser a matriarca da família __ A igreja é simples, mas é grande como o coração de Deus.

__ Obrigado pela recepção __ Entreolhando-se __ Estamos há muito tempo observando sua igreja. É pequena mas faz um trabalho significativo neste local.

Neste momento sua esposa aproxima-se da que se aparentava ser a mais jovem, abraça-a de forma calorosa enquanto um dos visitantes toca em seus ombros repreendendo-a. Tenta desculpar-se, enquanto ele caminha para o meio da pequena congregação sem se importar com o que acabara de ouvir.

O pastor enquanto conversa com o senhor de cabelos com alguns fios grisalhos, ver a mulher que pareceria ser a matriarca ou líder daquele grupo sentada na cadeira do seu improvisado escritório, como estivesse aguardando o momento de ser atendida, ele desculpa-se por ter que encerrar o assunto e sem perceber já estar frente a frente com aquela senhora.

__ Bom pastor o Senhor Deve achar estranho, quando falei que lhe observava há algum tempo, posso falar muito tempo _ sorrindo disfarçadamente _ Viemos aqui para ajudar, para este lugar ganhar crescer de verdade, tem poucos membros e os que têm mal conseguem cobrir as despesas do mês _ Ajeitando-se na cadeira que parecia estar desconfortável.

Quase imóvel continua a ouvir sem tirar a atenção dos seus olhos

__ Estou aqui com um envelope, nele contém um cheque de valor significativo, dará para pagar as despesas que estão abertas e de alguma forma, comprar algo para a sua família como aquele vestido que sua esposa namora há meses.
__ Enquanto faz alguns rabiscos, em uma folha perdida na mesa com os horários dos cultos _ mais precisamos de algo...
_ Dando uma pequena pausa _ Será necessário firmar uma aliança com o nosso grupo, eles servirão de apoio financeiro para seu ministério, afinal o pastor da esquina estará ali porque o prefeito o colocou, todos precisam recorrer a alguém, se ficar esperando como se diz em Deus sentado nada acontece você não acha.

Desta vez resolveu passar as mãos nos olhos, como quisesse confirmar se aquilo não se tratava de algo surreal, enquanto ela continuava.

__ Há quinze anos as coisas estão praticamente do mesmo jeito. Qual o futuro que lhe espera a não ser os poucos membros que lhe restam? __

Antes de falar qualquer palavra, ele é invadido por uma sensação muito estranha. Seus pés pareciam estar gelados de tamanho calafrio que acabara de sentir. E por alguns segundos aquela velha senhora parecia maior do que segundos atrás. Notou que quando olhou para o lado de fora, o vento começou a soprar diferente como se estivesse dançando embalado pelo som fúnebre que exalava de seus olhos.

Quando ela retira um envelope de sua bolsa e o põe em cima da mesa e levanta-se antes do pastor uma sequer das questões colocadas na mesa. Levanta os olhos e vê que cada um dos membros está ao redor da mesa, que parecia no momento ser um lugar estabelecido para aquele fim. Olhou de longe e viu que os olhos da sua esposa brilhavam de forma diferente, demonstrando uma felicidade incomum. Ao mesmo tempo, viu que alguns dos irmãos aguardavam do lado de fora para poder entrar visto que a entrada estava bloqueada pela multidão principalmente de dúvidas que o envolvia.

A reunião já deveria ter dado início enquanto eles se despediram prometendo que um dia viriam para participar da reunião. O pastor olhou para o relógio que ficava à sua frente e viu que já era para estar ministrando a palavra no lugar de estarem prolongando aquela despedida de forma desnecessária.

Ficou na porta até um a um entrarem e se acomodarem no veículo sem placa. Enquanto o louvor tinha início com o ministrante convidando a todos a realizar uma oração para que a adoração naquela noite não tivesse interferência do mal. Mais mal sabia ele que aquela presença estava à porta esperando desta vez a liberação para entrar.

O irmão que se assentava sempre nas primeiras cadeiras ficou escutando tudo até coisas que o pastor não percebeu pois o envelope que estava agora em um dos bolsos do paletó estava o embriagando levando-o para longe das águas de Deus.

Pastor _ tocando em uma de suas mãos por trás _ não precisamos disso. Este envelope tem que ser devolvido a eles. Deus tem cuidado de nós todo esse tempo. __ Descendo um batente para ficar à altura para que o seu mentor espiritual pudesse ouvi-lo _ Eles nem precisaram usar disfarces. Vieram aqui zombar de nós trazendo esse dinheiro de valor duvidoso.

A esposa se aproxima como se estivesse fazendo parte daquele diálogo desde Elcio e diz:

__ O pastor é quem vai decidir o que é bom para todos nós _ puxando a cadeira sem se importar com o barulho que estava causando na ministração do louvor _ Aqui só temos pessoas simples. Apenas algumas pessoas conseguem manter as despesas da igreja. Agora não venha com esse excesso de santidade fechar esta porta que está sendo aberta.

Calando em sinal de respeito ao pastor, escuta atentamente os motivos pelos quais aquela oferta deveria ser contabilizada nas receitas da igreja.

Olha para trás e vê algumas lágrimas banhando o rosto do vocalista que clamava pela presença de Deus naquele que parecia ter se tornado um deserto sem oásis. Estava repetindo com o som de sua angústia: Vem Oh Espírito Santo, vem invade este lugar.

O ACORDO

Capítulo 7

Coisas estranhas acontecendo

A noite aprofundava-se na escuridão e já tinha passado o bastão para a madrugada. Mas mesmo assim, com a cabeça apoiada entre os braços no travesseiro, o sono ainda não tinha chegado. Continuava olhando fixo para o teto onde o reflexo dos faróis dos carros brilhava como um pequeno relâmpago em meio à escuridão de suas dúvidas. Marta e sua esposa já tinham decidido que precisavam daquele dinheiro. Afinal, era muito para ser rejeitado. Depois que foram ao campo missionário, jamais tiveram a oportunidade de adquirir o que desejavam. Não importava a origem. O importante era o que seria feito dele.

Virando para o outro lado da cama, voltou no tempo quando seu pai relatava o valor de permanecer firme nas tentações. Mas as despesas lhe impediam de pensar como um líder. Sabia que todos poderiam de alguma forma ser beneficiados com aquela quantia.

À noite ia se aprofundando enquanto alguns seres de características desconhecidas subiam no muro da sua casa. Outros de longe observavam qual seria a sua decisão. Sabiam que finalmente ele mudaria de atitude. Aquela oferta era demais para eles rejeitarem. Antes de o sol nascer, eles não suportaram seus primeiros raios e desapareceram no que restava de sombra escura.

Mal o sol nasceu e Marta correu para o telefone relatando aos seus pais a porta que estava prestes a se abrir. Só faltava à decisão do pastor seu esposo para que seu ministério e suas vidas pudessem finalmente engrenar. Aproveitou e começou a falar dos anos passados em que mal tinham o que comer. Mesmo assim, perseveraram firmes em seu chamado.

Ela olha para trás e vê seu marido pastor imóvel como se ainda estivesse dormindo, mas atento a cada palavra que proferia. Ela sem pestanejar despede-se rapidamente e senta na beira da cama e diz:

__ Amor já decidiu. Podemos ligar para eles e depositar ainda hoje o cheque. São quinhentos mil reais! Isso é vinte e cinco anos de ofertas e dízimo de nossa igreja.

Sentando, olhando para o espelho a sua frente responde sem dar oportunidade dela continuar.

___ Não se trata do dinheiro, eles querem algo além da ofer-ta, você não percebeu nada, o culto ontem não foi o mesmo, somos uma igreja pequena mais alegre e o que acontece nela assusta as demais.

E levantando franzindo a testa.

Mas elas tem o que não temos, somos pobres, oramos muito e não vejo nada acontecendo, e você quando aparece uma oportunidade joga pela janela como se fosse aparecer outra.

__ Amor! Vamos esperar mais um pouco, eu sei que Deus vai abrir uma porta para nós, essa não tenho dúvida que não foi ele.
__ Você está falando em esperar. Quantos tempos estão espe-rando. A pessoa no fundo, tem pena de nós, querem que nós oremos por ela, querem ser abençoados e daí, continuamos

na mesma. Sabe quantas roupas entraram e saíram da moda sem eu poder sequer comprar. Eu não acredito você tem sido muito religioso e tem esquecido pelo que vejo seus filhos e sua esposa.

Seu filho aparece no quarto, enquanto seu pai corre para abraçá-lo.

__ Que barulho é este. O que vocês estão conversando tão alto?

__ Nada filho, apenas coisas que poderão mudar nossas vidas... Não sei de que forma...

A CERIMÔNIA

Capítulo 8

Existem coisas que são comprometedoras

Era exatamente zero hora do novo dia que nascia. Todos estavam de mãos dadas ao redor de um círculo misterioso para muitos que ali estavam. Poucos desconheciam o seu verdadeiro significado. Alguns se entreolharam com certa desconfiança do que viria acontecer a seguir.

Um casal com o rosto parcialmente coberto aproximou-se do altar improvisado naquele local que até pouco tempo atrás era destinado à adoração a Deus. Trazendo algo que parecia ser uma oferenda a alguém até agora desconhecido pela grande maioria dos presentes. Alguns se sentiam como ovelhas rumo ao matadouro de um tenebroso algoz. Um fiel membro que relutara o dia todo para sua esposa participar desta reunião pode ver enquanto eles caminhavam algumas gotas de sangue marcando os rastros que deixaram no local.

O Pastor sob olhar da esposa segue as instruções de uma das líderes daquela suposta organização cristã. Sai do meio da multidão que se misturava com cheiro de incenso que invadiu o local e diz:

__ Todos fiquem à vontade para receber algo novo _ Tentando desvencilhar os olhos de todos _ Vocês sabem a importância do sacrifício que está sendo realizado, todos vocês sabem que será impossível uma grande conquista sem fazê-lo.

Uma das irmãs que estavam com os olhos cerrados, tentando de alguma forma não participar daquele evento, empurra um dos organizados e grita com o pastor:

__ Pastor, o senhor está conduzindo seu povo para o inferno... O que está acontecendo aqui? Este lugar foi comprado não só com o dinheiro humano, mas com o sangue de Cristo através de nossas vidas...

Marta, a esposa do pastor, com um grito que abafou a da irmã que tentava os resgatar daquela estrada... __ Cale a boca sua louca! Você está atrapalhando a cerimônia, saia daqui...

Neste momento a líder abre os braços no meio círculo, e todos puderam ver as portas do mundo espiritual das trevas se abrindo. Multidões de seres pulando fazendo algazarra em cima das cadeiras da igreja, enquanto outros maiores corriam em cima do altar. Enquanto outros abriam algumas entradas na porta da frente da pequena congregação.

Do outro lado da Rua Filipe apenas ouvia um barulho ensurdecedor, e algumas luzes que piscavam de forma estranha naquele local. O irmão Mauro aproxima-se dele que contemplava em cima do capô do carro e vai logo dizendo:

__ Saiba filho essa é uma das coisas, que Deus abomina comunhão com as trevas, e eles se misturam como todos fizessem parte de um só rebanho. Eu não acredito no que estou vendo.

Jeremias sofreu por isso... Foi à boca de Deus.
__ Onde nós fomos parar. Tudo isso devido a uma maldita oferta, ...

Em meio ao burburinho que parecia tremer as estruturas daquela pequena congregação, pode-se ver o pastor saindo quase se arrastando do local, Via que ele estava perdido e totalmente arrependido pelo que acabara de participar, mesmo distante, Filipe pode ver o rosto contrito cheio de amarguras.

Ao adentrar o local, pode ver que parte dos participantes falavam em uma língua desconhecida, alguns rolavam no chão rastejando-se entre as cadeiras, do outro lado uma garota não parava de bater palmas sem qualquer resquício de sincronia.

Enquanto ouvia um som que parecia sair de um lugar misterioso...

__ Tudo mudou... Tudo mudou.

A VIAGEM DE PAULO

Capítulo 9

Segredos da viagem que deixam rastros

Era exatamente zero hora do novo dia que nascia. Todos estavam de mãos dadas ao redor de um círculo misterioso para muitos que ali estavam. Poucos desconheciam o seu verdadeiro significado. Alguns se entreolharam com certa desconfiança do que viria acontecer a seguir.

Um casal com o rosto parcialmente coberto aproximou-se do altar improvisado naquele local que até pouco tempo atrás era destinado à adoração a Deus. Trazendo algo que parecia ser uma oferenda a alguém até agora desconhecido pela grande maioria dos presentes. Alguns se sentiam como ovelhas rumo ao matadouro de um tenebroso algoz. Um fiel membro que relutara o dia todo para sua esposa participar desta reunião pode ver enquanto eles caminhavam algumas gotas de sangue marcando os rastros que deixaram no local.

O Pastor sob olhar da esposa segue as instruções de uma das líderes daquela suposta organização cristã. Sai do meio da multidão que se misturava com cheiro de incenso que invadiu o local e diz:

__ Todos fiquem à vontade para receber algo novo _ Tentando desvencilhar os olhos de todos _ Vocês sabem a importância do sacrifício que está sendo realizado, todos vocês sabem que será impossível uma grande conquista sem fazê-lo.

Uma das irmãs que estavam com os olhos cerrados, tentando de alguma forma não participar daquele evento, empurra um dos organizados e grita com o pastor:

__ Pastor, o senhor está conduzindo seu povo para o inferno... O que está acontecendo aqui? Este lugar foi comprado não só com o dinheiro humano, mas com o sangue de Cristo através de nossas vidas...

Marta, a esposa do pastor, com um grito que abafou a da irmã que tentava os resgatar daquela estrada... __ Cale a boca sua louca! Você está atrapalhando a cerimônia, saia daqui...

Neste momento a líder abre os braços no meio círculo, e todos puderam ver as portas do mundo espiritual das trevas se abrindo. Multidões de seres pulando fazendo algazarra em cima das cadeiras da igreja, enquanto outros maiores corriam em cima do altar. Enquanto outros abriam algumas entradas na porta da frente da pequena congregação.

Do outro lado da Rua Filipe apenas ouvia um barulho ensurdecedor, e algumas luzes que piscavam de forma estranha naquele local. O irmão Mauro aproxima-se dele que contemplava em cima do capô do carro e vai logo dizendo:

__ Saiba filho essa é uma das coisas, que Deus abomina comunhão com as trevas, e eles se misturam como todos fizessem parte de um só rebanho. Eu não acredito no que estou vendo.

Jeremias sofreu por isso... Foi à boca de Deus.
__ Onde nós fomos parar. Tudo isso devido a uma maldita oferta, ...

Em meio ao burburinho que parecia tremer as estruturas daquela pequena congregação, pode-se ver o pastor saindo quase se arrastando do local, Via que ele estava perdido e totalmente arrependido pelo que acabara de participar, mesmo distante, Filipe pode ver o rosto contrito cheio de amarguras.

Ao adentrar o local, pode ver que parte dos participantes falavam em uma língua desconhecida, alguns rolavam no chão rastejando-se entre as cadeiras, do outro lado uma garota não parava de bater palmas sem qualquer resquício de sincronia.

Enquanto ouvia um som que parecia sair de um lugar misterioso...

__ Tudo mudou... Tudo mudou.

MOSTRANDO A CARA

Capítulo 10

Perseguido pelo desconhecido

Ela estava sentada na sua mesa, fazendo algumas anotações em um pequeno livro, enquanto com uma das mãos fazia alguns cálculos em uma pequena calculadora. Um a um dos seus amigos de trabalho se despedia enquanto ela continuava fixada naquele serviço que o fazia com uma mistura de satisfação e fonte de sobrevivência. O som das portas batendo se fazia constante a cada instante. O telefone tocava sem parar e ela parecia estar praticamente anulada de ouvir seus chamados.

De repente foi despertada pelo amigo que já tinha descido as escadas e gritou de lá debaixo:

__ Ruth! Atende ao telefone deve ser importante __ Parado e olhando para cima __ Atende! Já estou indo até segunda. Tchau!

Ela olha para os lados e vê que é a única a estar naquele local, deixando cair alguns papéis de anotações, vai ao encontro do chamado que tanto o evitará.

__ Olá! Quem fala?__ Diz tentando terminar a conversa, antes mesmo de iniciar.

__ É a Ruth? __ Pergunta com a voz ofegante.

__ Sim sou eu. Quem está falando e o que você quer? __ Puxando a cadeira ao seu lado, dando uma chance para aquela conversa.

__ Sou eu o Filipe. Preciso conversar com você sobre a igreja e o que pretendem fazer com você. Eles querem te matar, não conseguirem e não vão desistir.

Sorrindo diz:

__ Pare com isso Felipe, você já está ficando maluco com essa história de satanismo nas igrejas e quer deixar agora todo mundo louco. Pare com isso. Preciso trabalhar.

__ Por favor, me escute __ Diz ele _ Você corre perigo preciso me encontrar com você pessoalmente.

__ Por favor, não venha, você vai apenas me atrapalhar. Segunda tenho que entregar este relatório.

Desliga o telefone e volta para a mesa e vê que resta pouco para concluir o serviço.

Passado alguns minutos, escuta o som na escadaria de pegadas rápidas como alguém em desespero para subir e logo percebe quem era.

__ Oh! Não. Não pode ser, que garoto teimoso.

Antes de ele bater ela grita e diz:

Após entrar ele puxa a cadeira e vai logo falando.

__ Me escute Ruth, por favor! Eles querem matar um dos líderes da nossa igreja, esse foi o acordo e você foi à escolhida. A coisa é perigosa e você está correndo sério risco.

Levanta-se tentando se acomodar melhor na cadeira...

__ Você deve estar realmente maluco __ dando uma pausa, sem preocupar-se de concluir a tempo o serviço __ Porque eu se não sou a mais importante ou alguém que venha lhe oferecer alguma ameaça __ Sentando-se novamente.

Colocando as mãos em cima da mesa e olhando dentro dos seus olhos.

__ Ruth esta gente é das trevas, seu trabalho é apenas ofuscar a presença de Deus e causar a maior destruição possível. Não importa quem seja eles querem destruir, principalmente quando você estiver fazendo parte de um ritual sem saber, e você é a oferenda final do sacrifício.

Sorrindo diz:

__ Quer dizer que o sacrifício é este que está na sua frente?__ Era o que faltava ouvir depois de tantas bobagens _ Você veio aqui apenas para me perturbar e trazer medo. Por favor! Saia.

Ele olha para ela, enquanto ela se abaixa para pegar as anotações que estavam espalhadas pelo chão, enquanto escuta o barulho das suas pisadas da escada, descendo praticamente de dos em dois.

O porteiro do prédio assustado. Olha para ele e diz assustado.

__ Que isso garoto que pressa é essa. Vai pegar algum trem em cima da hora?

Ele mal escuta a voz do porteiro que desaparece na escuridão da noite que tinha chegado.

Ela balança a cabeça fazendo sinal de negativo, enquanto caminha de volta ao seu lugar. Enquanto o eco de suas pisadas é engolido pelo silêncio do escritório.

Mal acaba de sentar-se e percebe que tem mais alguém além

dela no escritório, imagina ser o Jefferson mas ele tinha certeza da sua saída visto ter se despedido com a piada de sempre. Levanta-se e vai ver quem está naquele local, sente algo diferente um temor que conhecera há algum tempo, ao dar algumas voltas à procura de algo vê que aquele espaço do escritório estava sendo ocupado.

Aproxima-se e percebe que se trata de uma mulher, apesar dela estar de costas ela deu para perceber que se tratava de alguém conhecido.

Ela vira de repente antes que a mesma piscasse os olhos e diz:

__ Oi Ruth! Lembra de mim?

Ela se ampara da divisória de madeira que separa os departamentos, abrindo os olhos pálidos e diz:

__ O que você está fazendo aqui? __ Querendo fugir daquele local Quem deixou você entrar?

Ela levanta-se deixando-a paralisada e começa a fazer círculo à sua volta, enquanto vê através da janela uma fumaça com cheiro de enxofre invadir o local.

__ Você sabe por que eu estou aqui? __ Apontando o dedo para os cantos do escritório __ Aqui era um fracasso eu mudei tudo aqui, bastou um acordo com meu chefe e ele abriu as portas __ Dando uma gargalhada que parecia não ter mais fim __ Ai ele fez um acordo comigo e mudei tudo. Ele não sabe que mudei o rumo daquela igreja, sabe como? __ Abriram a porta para mim. Eu dou tudo, basta me pedir.

Ela tenta se livrar como estivesse aprisionada em uma jaula lançada no abismo e diz:

__ O que você quer? Vamos! Peça-me o que eu faço. Que o que vamos?

Ela aponta o dedo indicador e vê dois enormes cachorros subindo a janela do terceiro andar. E arrepiada grita:

__ Não deixe eles me machucarem, eu faço o que você quer.

De repente ela os vê se aproximando cada vez mais. E ela desesperada para se livrar daquele tormento pula ao encontro das pedras que a esperam embaixo. Enquanto o sangue corria de seu corpo podia a ver chegar e dizer.
Você fez exatamente o que eu quis, me deu o que eu mais desejava. Se aproxima pega um pouco do seu sangue e passa em seus lábios, que se mistura com seu batom vermelho.

Neste instante Ruth vendo suas forças se esvaindo, olha para cima e diz:

__ Jamais eu serei sua, você poderá tocar o meu corpo mas minha alma já tem dono ela foi comprada __ desfalecendo.

Antes mesmo de terminar o sorriso ao ver a corrida sem jeito do Filipe, escuta o barulho em algum lugar ao redor do edifício e velozmente pega sua lanterna e sai em busca do inesperado.

Olha para cima e vê algumas janelas quebradas, mal ilumi-nadas por algumas lâmpadas carentes de luz, e segue abrindo as pequenas plantas do jardim que rodeava aquele recinto, seguindo o trajeto rumo ao local onde algo terrível deveria ter acontecido.

Ao aproximar-se escuta um gemido, que parecia ser de uma criança ou alguém que poderia estar fingindo estar em-briagado ou brincando, mas aquilo estava muito sério para ser levado por essa estrada. Observa e vê uma mulher sen-tada com parte da roupa levantada e sentada se olhando no espelho retocando a maquiagem.

__ O que está acontecendo minha senhora?__ Pergunta o

vigilante assustado __ Que barulho é esse e quem está ferido?

Ela olha para cima como estivesse em posição contrária e tenta mantê-lo imóvel naquele local. E antes mesmo dele ouvir sua resposta desaparece sendo guiado por algo sobrenatural, tropeçando em seguida em parte do imóvel que caíra , vendo à sua frente alguém tentando inutilmente se manter em pé.

Ele corre ao seu alcance parecendo estarem distanciados por quilômetros os metros que os separavam do socorro inesperado.

__ É você Ruth? __ Quem estava do seu lado ai cuidando de você? Quando eu cheguei desapareceu... Não se mexa, fique aí.

Ela imaginava que chegara seu fim, mas antes das luzes da sua vida escurecerem viu quando dois seres celestiais se aproximaram e após tocá-la viu o sangue parar de jorrar e alguns ossos se recomporem. Ela não se esqueceu da conversa que escutou entre eles.

__ Eles parecem não se preocupar com as forças deste mundo mal, andam sem rumo e estão praticando o que é abominável à santidade de Deus. Mas estamos aqui para livrá-los deste inimigo que deseja roubar-lhes a vida eterna.

Ele não entendia como ela poderia ter sobrevivido. Enquanto ele ligava para emergência tentava mantê-la calada, pois queria relatar cada segundo daquele evento. Olhou para os céus e viu que as estrelas estavam brilhando de forma diferente, como estivesse deixando uma mensagem confortadora através de seus raios de luz.

Mas da mesma forma percebia que naquela região estava tendo ação de forças sobrenaturais do mal. Dava-se para perceber mesmo no nível mais crítico de ceticismo.

A FUGA

Capítulo 11

Perseguido pelo desconhecido

Ele estava sentado no sofá, com o controle remoto nas mãos e os olhos fixos no vazio. Naquela noite, estava bem distante da programação do seu canal preferido. Olhava os cantos da casa como se estivesse sendo observado, mesmo sabendo que a única companhia era sua sombra, que era refletida pela luz do abajur do quarto da sua mãe. Levantou-se e foi até a cozinha tomar um pouco de água para tentar diminuir aquela ansiedade que estava lhe consumindo. De longe observava algo estranho através da fresta da janela da despensa que ficava bem ao lado da mesa de refeição.

E em meio ao nevoeiro pode ver nitidamente um ser de características inimagináveis em cima do poste de energia da rua principal. A criatura parecia estar olhando para diversos lados quase ao mesmo tempo, enquanto suas asas pareciam estar congeladas no vazio. Ao se aproximar mais um pouco, viu aqueles olhos negros penetrando dentro dos seus. Como um caçador que acaba de encontrar sua presa. Em seguida, desapareceu como se estivesse cumprindo uma missão.

A porta da entrada principal da sua casa é aberta repentinamente, quase como um soco e pode ver seu pai entrando alegando de forma descontrolada. Senta no sofá e sem vociferar as palavras de forma coordenada diz:

__ Era ele. O mesmo que estava naquela estrada, eu o vi.

Estava bem perto daqui. De longe eu senti a mesma sensação e sabia que aquela criatura que nos seguia estava por perto.

Ele vai até a janela olhar para os lados, conferindo se tudo tinha voltado ao normal.

Em seguida aproxima-se do seu pai, com o copo quase transbordando de água, enquanto seu pai estende a mão para tentar acalmar aquela ansiedade.

"Pai, eu também o vi. A verdade é que eles querem ter o controle de todos nós. O senhor tem que desfazer tudo que foi feito. Senão passaremos a vida inteira sendo perseguidos por um acordo que não sabíamos que existia. Não só o senhor, mas toda nossa família está sendo atormentada com isso.

Levanta os olhos e vê a sua mãe imóvel ao lado da porta de entrada da cozinha. Podiam-se ver algumas lágrimas escorrendo do seu rosto, deixando à mostra uma mistura de perplexidade com o que estava acontecendo e o medo que era tão visível diante de todos.

__ Você tem que dar um jeito nisso, por a nossa vida no lugar novamente. Até concordei, mas eu não entendia de nada, principalmente que poderia arruinar nossas vidas.

Ele sem se mover do sofá logo vai respondendo.

__ Não sabia? Como assim? Você até me incentivou para eu ir descansar nessa viagem e se era para mudar nossas vidas tudo era válido. Falou-me que isso não existia e era apenas mais uma forma de motivação espiritual.

Filipe se levanta, se pondo no meio dos seus pais, acenando os braços para cima e para baixo.

__ Vocês não estão percebendo que estão agindo exatamente como eles querem! Brigar não vai resolver. Vamos procurar nosso pastor... Quem sabe ele não vai nos livrar dessa coisa...

Não sabia ele que o líder de sua igreja estava bem mais comprometido com eles do que imaginara. Mesmo assim todos entraram no carro e saíram invadindo a escuridão da noite, que se misturava com os olhares negros que os seguiam por aquela rua iluminada mas vicinal.

Ao chegar à porta da casa do pastor, o encontrou com sua esposa com o olhar mergulhado no vazio como um ser sem alma. Estava totalmente imóvel. Com o barulho dos carros que passavam velozmente não conseguia mudar sua posição. Ele repetia constantemente a mesma frase.

___ Nós não deveríamos ter feito aquilo enquanto sua mulher apertava de forma firme uma de suas mãos.
Ainda em movimento, Felipe abre a porta e sai à procura de resposta e uma solução, quando pode escutar, enquanto seu pai estaciona o carro.

___ Eles chegaram e estão destruindo tudo, fomos nós que abrimos as portas para essas criaturas, e temos que pagar o preço para todos serem livres com nossas vidas.

Como sabe que eles chegaram? ___ Olhando para os lados
___ Onde eles estão?___ Entre a fresta do ombro que se formava entre o pastor e sua esposa, podia ver os móveis da sua casa sendo destruídos, de forma quase invisível, um a um ia decompondo-se sendo praticamente desintegrados, por algum ser invisível.

___ Pastor! Grita... Diz Filipe desesperado, é preciso reagir, temos que fechar as portas por onde esses seres tiveram acesso a sua igreja e a vida de todos os membros dela.

___ Você não entende garoto... Virando- se repentinamente para ele. Esse acordo pode custar nossas vidas, e não queremos abrir mão do que recebemos, temos coisas que jamais imaginaríamos ter...

__ Ele olha de afirmar assustado para o pastor e responde:

__ O Senhor chama isso de conquista, andar fugindo de um lado para o outro, ver sua esposa consumida pelo medo, e todos sem saber para onde ir. Essa história tem que ter fim, na realidade nem começo deveria ter existido.

Sua mãe faz sinal abaixando a mão e levantando para ele parar de falar.

Ele vir-se-á e sai ao encontro de uma praça que ficava na frente da casa do pastor. E senta-se em um banco onde a luz do único poste ilumina de forma escassa

A REVELAÇÃO

Capítulo 12

Pastor mostrando seu rosoto par a igreja

No dia seguinte, conforme marcado, a liderança se reuniu na frente da igreja para tratar dos trâmites a serem tomados, pois todos sabiam do compromisso e do acordo que havia sido realizado com o desconhecido. Todavia, tal acordo era desconhecido dos incautos que faziam parte da membresia daquela igreja.

Filipe não foi convocado, pois estava sendo acusado de tumultuar as reuniões com indagações insistentes e para os tolos infundadas, embora os que geriam se tratavam de uma confrontação real com a verdade... Estava na esquina sentado contemplando-os como vultos assustados e perdidos na escuridão.

Um a um enfileirados, foram adentrando ao templo, que há muito já não era o lugar de adoração e aos poucos foi se tornando uma confraria ou há algum tempo estava se tornando um clube secreto de amigos. A cada dia os sermões bíblicos foram trocados por pensamentos humanistas camuflados de um ideal cristão.

Ao entrar pelo portal da igreja, o pastor percebe que a cadeira principal do púlpito ou do antigo altar estava ocupada pelo desconhecido personagem que agora mostrava realmente sua verdadeira face.

___ "Você não pode ocupar este lugar, ele é meu" ___ Grita em alta voz.

Ela fica em pé e parece flutuar e sem sequer dizer uma palavra volta para o ponto inicialmente.

Todos se entreolham enquanto outros saem ao tomar conhecimento do que realmente ocorria no local.

__ "Eu não quero mais. O acordo está quebrado. Sou de Deus e não me importo com o que você me deu ou tem para me dar." __ Diz o pai de Filipe. _ "Pode ficar com tudo. Meu Deus é capaz de me retribuir mil vezes mais." __ Enquanto o som de sua voz é roubada pelo gesto que a criatura realizava com seu olhar. Era como se alguém baixasse o volume.

O pastor senta-se e no lugar de falar alguma coisa parece estar sendo conduzido e enfeitiçado pela presença do desconhecido. Mais presente na vida de alguns que assistiam como protagonista de um filme de terror real.
De repente a criatura levanta-se e começa a flutuar novamente, desta vez exalando um cheiro que parecia vir das entranhas do inferno. Aquele odor era incapaz de ser absorvido pelos pulmões e pelas narinas de um mortal.

A mãe de Filipe e outra amiga tomam coragem e começam a recitar versículos bíblicos para expulsar aquele ser daquele local. Vociferando como um velho pregador em seus momentos de ápice do sermão.

Estende a mão para o alto em direção à sinistra criatura e diz:

Ordeno-te em nome de JESUS, VÁ EMBORA! Esse lugar não é teu. Vá embora! Esse lugar não é teu.

A criatura ganha um novo rosto que se revela em meio à densa nuvem que se formara no antigo altar, desta vez com o rosto de uma bela jovem, mas com uma voz assustadora, apontando para o pastor diz:

__ "É meu este lugar. Ele me prometeu todos vocês e eu os teria através dos ensinamentos que ele andou propagando."

Todos olharam para o pastor enquanto ele se mantinha imóvel como se desta vez estivesse admirando ou até adorando o ser que residia nas trevas.

Em alguns segundos a temperatura do local começou a cair e um vento frio penetrou pelas frestas das janelas como uma tempestade sem aviso. As janelas começaram a tremer de forma descontrolada. Os bancos começaram a se movimentar enquanto isso parte dos lustres iam caindo em cima de alguns. Em meio à gritaria, a porta parecia agora intransponível.

Filipe de longe pode ver que algo anormal estava acontecendo e resolve conferir e logo percebe que seus pais estão em perigo. Ouve um som de desespero e zombaria que esvai do antigo lugar de adoração...

De repente o antigo diácono da igreja aparece e chama-o e diz: "Vamos dar um jeito nisso... Agora."
"Ele acelera e entra com o carro dentro da igreja onde as pessoas têm a oportunidade de sair pelo buraco que fora feito depois do sinistro proposital. Mesmo assim o pastor fica imóvel enquanto as paredes caem sobre ele e sua esposa no meio da gritaria. Alguns se atropelavam mais conseguem escapar daquele lugar que agora se tornara o portal da morte. Os que escaparam poderão ver quando uma fumaça negra desaparece na escuridão. Todos sabiam de quem se tratava.

O fogo tem início enquanto os bombeiros chegam para conferir o que tinha acontecido naquele local. Alguns falavam entre si que parecia que ali tinha passado um furacão e estava com cheiro de um evento por eles desconhecido em virtude dos dados que um trauma natural aconteceu apenas naquele local sem afetar qualquer estabelecimento ao lado. Sem entender, vão apagando o fogo que sobrou e removendo os cadáveres dos líderes que mesmo mortos pareciam assustados com o que poderia sobreviver no futuro.

Filipe senta no capô de um carro de um desconhecido tentando encontrar algum brilho no céu para iluminar seu coração. Pouco a pouco as estrelas iam aparecendo trazendo consigo o luar que parecia há muito tempo não querer aparecer sobre os céus do antigo tempo que agora jazia em ruínas...

EBENEZER SAINT

— O CRISTÃO —
E A VIDA
FINANCEIRA

MEU POVO PADECE POR FALTA DE CONHECIMENTO Oséias 4:6

O Cristão e a Vida Financeira (Portuguese Edition)

Portuguese Edition | by Ebenezer Saint | Feb 20, 2023

Paperback

$6.99

Kindle

$2.99 Print List Price: $6.99

Hardcover

$20.00

Portas de Entradas

Ebeenzer Saint

Pubblicado por:

Editora Creacion

Diagramação: 7 design

Capa Design: 7 design

Colaboração: Nathalie Saint

ISBN: 9798392714759

Impresso nos USA

PORTAS DE ENTRADAS

Ebenezer Saint

Editora Creacion